Patrick Rosenthal

PARTY KOCHBUCH FÜR TEENIES

Fingerfood, Snacks, Drinks und mehr

riva

Bibliografische Information der Deutschen Nationalbibliothek
Die Deutsche Nationalbibliothek verzeichnet diese Publikation in der Deutschen Nationalbibliografie. Detaillierte bibliografische Daten sind im Internet über http://dnb.de abrufbar.

Für Fragen und Anregungen
info@rivaverlag.de

Wichtiger Hinweis
Ausschließlich zum Zweck der besseren Lesbarkeit wurde auf eine genderspezifische Schreibweise sowie eine Mehrfachbezeichnung verzichtet. Alle personenbezogenen Bezeichnungen sind somit geschlechtsneutral zu verstehen.

Originalausgabe
1. Auflage 2022

Türkenstraße 89
80799 München
Tel.: 089 651285-0
Fax: 089 652096

Redaktion: Sarah Holzwarth
Umschlaggestaltung: Manuela Amode
Umschlagabbildungen und Abbildungen im Innenteil: Patrick Rosenthal
Illustrationen: shutterstock.com/Nadezda Barkova, nataka, Roi and Roi, svtdesign, NotionPic
Layout: Satzwerk Huber
Satz: feschart print- und webdesign, Michaela Röhler, Leopoldshöhe
Druck: Florjancic Tisk d.o.o., Slowenien
Printed in the EU

ISBN Print 978-3-7423-2192-3
ISBN E-Book (PDF) 978-3-7453-1956-9
ISBN E-Book (EPUB, Mobi) 978-3-7453-1957-6

Wir produzieren nachhaltig
www.m-vg.de

Inhalt

Vorwort

Kochen, backen, essen ... und feiern! Das passt doch perfekt zusammen. Und damit mehr Zeit für die Party bleibt, habe ich wirklich einfache (und leckere) Rezepte für dich ausgesucht. Und natürlich dürfen auch (alkoholfreie) Cocktails nicht fehlen. In diesem Buch findest du nicht nur Süßes, Herzhaftes und teils Ausgefallenes, sondern auch Leckeres für jeden Geschmack, denn egal, welche Ernährungsform du bevorzugst, ich habe da etwas für dich. Ich lüfte auch das »Geheimnis« um meine einfachen Lieblings-Grundrezepte, mit denen du ganz kreativ Hunderte von Rezepten herstellen kannst.

Achte aber immer darauf, dass du Spaß an der Zubereitung hast. Meine Mutter sagte immer: »Es ist noch kein Meister vom Himmel gefallen« (das Sprichwort hat sie aber nicht erfunden). Je mehr du dich mit der Zubereitung von Essen und Getränken beschäftigst, umso mehr großartige Ergebnisse wirst du erzielen und dich daran versuchen, neue Rezepte zu erschaffen. Die Party und das gemeinsame Zubereiten und Essen sollte immer im Vordergrund stehen (und macht auch am meisten Spaß).

Da ich eine übervorsichtige Person bin, kommen jetzt noch ein paar Belehrungen: Messer sind scharf (ich kann ein »Lied« davon singen), Backbleche und Kuchenformen, die man aus dem Ofen nimmt, können verdammt heiß sein (das hatte meine Mutter mir wohl vergessen zu sagen), und bei allem, wo heißes Fett im Spiel ist, würde ich mir immer einen Erwachsenen zur Hilfe holen, denn heißes Fett ist nicht nur schnell entflammbar, sondern kann heftige Verbrennungen mit sich bringen (nur um es hier mal gesagt zu haben).

So, jetzt aber ... GENIESSEN!

Habt eine Menge Spaß,

Euer Patrick

PS: Wenn ihr was nachgekocht, gebacken oder gegessen habt, freue ich mich auf ein Foto per Mail an pr@patrickrosenthal.de oder ladet es gern bei Instagram hoch und markiert mich auf dem Foto (@patrick_rosenthal).

ZEIT
FÜR KUCHEN

Kuchen

Ohne Kuchen keine Party oder keine Party ohne Kuchen. Egal, ob zu Geburtstagen, als kleines Geschenk für den besten Freund/die beste Freundin oder als »Dankeschön« für Mama und Papa: Kuchen geht immer. Ich verrate euch zuerst »Patricks Secret Kuchenteig«, der sich ganz einfach problemlos variieren lässt. Probiert doch auch mal aus, helles Weizenmehl durch andere Mehlsorten oder auch Milch gegen Milchalternativen zu ersetzen. Ist gesünder und schmeckt nochmals ganz anders. Buchweizenmehl, Süßkartoffelmehl, Maismehl, Vollkornmehl, Dinkelmehl, Roggenmehl und Weizenmehl lassen sich untereinander 1:1 austauschen. Bei der Verwendung von Kürbiskernmehl, Kastanien- oder Mandelmehl nimmst du 50 % mehr als angegeben. Keine Lust auf Eier? Ich habe gute Erfahrungen damit gemacht, Eier durch Chiasamen zu ersetzen. Dazu pro Ei 1 TL Chiasamen mit 3 TL kaltem Wasser vermengen und 10 Minuten quellen lassen.
Aber auch eine halbe Banane oder 75 g Apfelmus sind ein guter Ersatz für ein Ei.

Kuchenformen

Vorab möchte ich aber generell etwas über Kuchenformen los werden, denn ohne Form gibt es auch keinen Kuchen. Warum gibt es eigentlich so viele verschiedene Backformen?

Wenn ihr nur Kuchen backen wollt, dann reicht eine Kastenform. Ein runder Kuchen braucht eine runde Backform. Richtig. Bis hier hin war es recht einfach.

Gugelhupfform

Hier muss ich zugeben, dass ich im Besitz von unglaublich vielen Formen bin, denn neben der klassischen Gugelhupfform gibt es unglaublich viele Formen, Größen und Motive.
Früher hat man vor allem Hefeteige darin gebacken, heute gibt es unzählige Rührkuchen für diese tollen Formen.

Kastenform

Die Kastenformen haben mich immer am meisten verwirrt, denn auch diese gibt es in ganz vielen Größen. Ich habe mich für die klassischen Größen in 25 × 30 cm Länge entschieden. Breit sind fast alle zwischen 11 und 13 cm. Eine Kastenform braucht man einfach: für Rührkuchen, Sandkuchen und auch Hefekuchen. Aber auch Brote kann man darin backen. Und wer die Kuchen in seine Party mit integrieren möchte, der braucht unbedingt auch ganz viele Mini-Kastenkuchenformen. So kannst du ganz viele kleine Kuchen backen und zusammen mit deinen Freunden und Freundinnen nach Lust und Laune verzieren.

Springform

Okay, das ist der Allrounder und lässt den Kuchen gut aus der Form kommen, denn sie besteht aus zwei Teilen. Einen Boden und einen abnehmbaren Rand. So lässt sich der Kuchen perfekt herausnehmen, wenn man den Verschluss des Randes öffnet. Ich backe meist in einer runden Form in den Durchmessern 24 bis 28 cm. Zu Mutter- oder Vatertag oder auch zum Valentinstag kommt dann gerne mal die Springform im Herzzustand im Einsatz. Und dann habe ich natürlich alle runden Formen auch noch in zwei Höhen, denn ab und an zaubere ich mal eine Torte, die einen höheren Rand braucht.

Tarteform

Dies ist auch eine runde Form und am besten hat sie einen Hebeboden. Meist hat die Form einen geriffelten Rand. Ich habe sie in den Größen 26 bis 28 cm Durchmesser. Perfekte Formen für Tortenböden, Pies und Quiches.

Muffinform

Eine 12er-Muffinform braucht man einfach: für süße Muffins, Cupcakes und herzhafte Muffins. Dazu unbedingt ein paar Papierförmchen besorgen, die man in die Mulden der Muffinform setzt.

Noch mehr?

Ich habe noch ein paar eckige Backformen. Meine Lieblingsformen haben eine Größe von 20 × 20 und 24 × 24 cm. Perfekt für Brownies und Blondies. Natürlich kann ich auch bei einigen Motivbackformen nicht widerstehen. Aber selbst das Backblech ist eine tolle Backform. Am besten mit einem höheren Rand, sodass du tolle Blechkuchen und Pizzen backen kannst.

Patricks Secret Kuchenteig

Hier ist er: mein Grundteig für tolle Kuchen. Wenn du deine eigene Kuchenkreation machen möchtest, achte auf ein paar Dinge: Ohne Backpulver geht es nicht. Wenn du Zutaten zufügen möchtest, die den Kuchen etwas schwerer machen, dann füge ein extra Ei und etwas mehr Backpulver hinzu. Denke daran eine Stäbchenprobe zu machen, denn andere Zutaten können auch die Backzeit etwas verlängern. Wenn die Oberfläche schon recht gut aussieht, kannst du mit einem Holzstäbchen in die dickste Stelle des Teiges stechen. Wenn dann beim Herausziehen am Stäbchen noch Teig klebt, muss der Kuchen noch im Ofen bleiben. Ist das Stäbchen sauber, ist der Kuchen fertig. Ganz einfach, oder?

Zutaten für 1 Kastenform (ca. 25 × 12 cm)

250 g weiche Butter plus mehr für die Form
150 g Zucker
1 Prise Salz
1 TL Vanilleextrakt
4 Eier (Größe M)
300 g Mehl plus mehr für die Form
1 Pck. Backpulver
100 ml Milch

1. Backofen auf 180 °C Ober-/Unterhitze vorheizen. Die Kastenform einfetten und mit etwas Mehl bestäuben.
2. Butter und Zucker mit dem elektrischen Handrührgerät schaumig aufschlagen. Das dauert ca. 2 Minuten. Nach und nach Salz, Vanilleextrakt und die Eier einzeln unterrühren (dabei pro Ei ca. 30 Sekunden rühren).
3. Mehl mit Backpulver vermengen und abwechselnd mit der Milch unter den Teig rühren. Teig in die Form füllen, glatt streichen und 60 Minuten auf der 2. Schiene von unten backen. Kuchen auf ein Kuchengitter stellen und 10 Minuten abkühlen lassen, dann aus der Form lösen und auf einem Kuchengitter vollständig auskühlen lassen.

Variationen

Zitronenkuchen mit Minze

10 frische Minzeblätter mit dem Zucker in eine Küchenmaschine geben und zermahlen.

Die Schale von 1 Bio-Zitrone fein abreiben und unter den Teig rühren. Die Milch durch den Saft der Zitrone ersetzen. Den Kuchen abkühlen lassen. 2 TL Milch mit 150 g Puderzucker zu einer dicken Glasur verrühren und den abgekühlten Kuchen damit bestreichen.

weitere Variationen ›››

Double-Chocolate-Cake

Rühre 30 g Kakaopulver und 100 g geschmolzene Schokolade unter den Teig.

Himbeerkuchen

Milch durch 150 g griechischen Joghurt ersetzen und eine Handvoll gefrorene Himbeeren unter den Teig heben.

Schokoladenkuchen

Rühre 60 g Kakaopulver unter den Teig, bevor du die Eier dazugibst. Sollte dein Teig zu fest werden, kannst du weitere 20 ml Milch unterrühren.

Kokosnusskuchen

50 g Kokosflocken und 1 Becher saure Sahne (ca. 250 g) unter den Teig rühren.

Bananenkuchen

Rühre, bevor du die Eier dazugibst, 300 g pürierte Bananen unter den Teig. Ganz besonders lecker wird es, wenn du noch ein paar gehackte Walnüsse unterhebst.

Apfel-Zimt-Kuchen

Milch mit 150 g Apfelmus ersetzen und 2 TL Zimt unter den Teig heben.

Orangenkuchen

Anstelle der Milch rühre 150 ml Orangensaft und die abgeriebene Schale von 1 Bio-Orange unter den Teig.

Karotten-Zucchini-Kuchen

Je 1 geraspelte Karotte und Zucchini unter den Teig heben. Teig mit Zimt und Muskatnuss würzen.

Erdbeerkuchen

Milch durch 150 g Erdbeerkonfitüre ersetzen und frische gewürfelte oder getrocknete Erdbeeren unter den Teig heben.

Karamellkuchen

Zucker durch braunen Zucker ersetzen. Das gibt einen leicht karamelligen Geschmack.

Joghurt-Blaubeer-Kuchen mit Erdnussbutter-Streuseln

Saftige Blaubeeren im Kuchen sind schon eine geniale Idee (leider nicht von mir). Aber dazu noch knusprige Streusel aus Erdnussbutter und knackigen Erdnüssen? Hammer! Getoppt mit einer klebrigen Zuckerglasur? Mehr geht nicht!

Zutaten für 1 Springform (ca. Ø 28 cm)

80 g geröstete, ungesalzene Erdnüsse
200 g weiche Butter
300 g Zucker
2 Pck. Vanillezucker
600 g Mehl
1 Pck. Backpulver
6 Eier (Größe M)
200 g Joghurt
500 g Blaubeeren
350 g cremige Erdnussbutter
250 g Puderzucker
etwas Zitronensaft

1. Backofen auf 180 °C Ober-/Unterhitze vorheizen. Springform etwas einfetten und mit Backpapier auslegen. Erdnüsse grob hacken.
2. Butter, 180 g Zucker und Vanillezucker verrühren. 350 g Mehl mit Backpulver vermengen. Eier und Mehlmischung nacheinander unter die Butter-Zucker-Mischung rühren. Zuletzt den Joghurt unterrühren.
3. Den Teig in die Springform füllen, Blaubeeren darauf verteilen und mit 20 g Zucker bestreuen. Im Ofen 20 Minuten backen.
4. In der Zwischenzeit das restliche Mehl mit dem restlichen Zucker vermengen. Erdnussbutter, Erdnüsse und 2 EL Wasser zugeben und zu Streuseln verkneten.
5. Die Streusel nach den ersten 20 Minuten Backzeit auf dem Kuchen verteilen und weitere 20–25 Minuten backen. Vor dem Servieren den Puderzucker mit Zitronensaft zu einer Glasur verrühren und über den Kuchen geben.

Tipp

Gib den Zitronensaft löffelweise zum Puderzucker, damit die Glasur nicht zu flüssig wird. Es ist kaum zu glauben, wie viel Puderzucker der Zitronensaft »schluckt«.

Crunchy Schoko-Vanille-Kuchen

Und der Backofen bleibt aus!

Zutaten für 1 Springform (Ø 28 cm)

Für den Boden
350 g Choco Krispies
250 g Butter

Für die Brombeermousse
3 Blatt Gelatine
100 g Brombeeren
2 EL Zucker
150 g griechischer Joghurt
100 g Sahne

Für die Vanillemousse
3 Blatt Gelatine
1 TL Vanilleextrakt
2 EL Zucker
200 g griechischer Joghurt
100 g Sahne

Für die Garnitur
50 g Johannisbeeren und Brombeeren
ein paar Choco Krispies

1. Den Boden der Springform mit Backpapier auslegen. Choco Krispies in einer Küchenmaschine fein zerkleinern. Butter in einem kleinen Topf zerlassen, mit den Krispies vermengen und die Masse als Boden in die Springform geben, fest andrücken und kalt stellen.
2. Für die Brombeermousse die Gelatine in kaltem Wasser einweichen und die Brombeeren zusammen mit Zucker und Joghurt pürieren. Sahne leicht erwärmen, Gelatine ausdrücken und unter Rühren in der Sahne auflösen. Die Sahnemischung unter die Brombeermasse rühren.
3. Für die Vanillemousse Gelatine in kaltem Wasser einweichen. Vanille, Zucker und Joghurt vermengen. Sahne leicht erwärmen, Gelatine ausdrücken und unter Rühren in der Sahne auflösen. Die Sahnemischung unter die Vanillemischung rühren.
4. Abwechselnd die Brombeer- und die Vanillemousse auf den Schokoladenboden gießen, sodass ein gestreiftes »Zebra«-Muster entsteht. Mindestens 3 Stunden kalt stellen. Vor dem Servieren mit Choco Krispies, Brombeeren und Johannisbeeren garnieren.

Brombeer-Streuselkuchen

Wenn buttrige Streusel doch das Leckerste am ganzen Kuchen sind, warum nicht einen Kuchen nur aus Streuseln backen? Ganz genau! Und die süßen Brombeeren geben dem Kuchen den Rest - den leckeren Rest.

Zutaten für 1 Backform (ca. 20 × 20 cm)

60 g Pekannüsse
220 g Mehl
120 g Haferflocken
250 g weiche Butter plus etwas mehr für die Form
1 TL Backpulver
1 Prise Zimt
1 TL abgeriebene Schale von 1 Bio-Zitrone
200 g brauner Zucker
500 g Brombeeren
2 TL Puderzucker plus etwas mehr zum Bestäuben
1 EL Speisestärke

1. Backofen auf 180 °C Ober-/Unterhitze vorheizen. Backform einfetten. Pekannüsse hacken.
2. Nüsse mit Mehl, Haferflocken, Butter, Backpulver, Zimt, Zitronenschale und Zucker zu Streusel verkneten. Die Hälfte der Streusel in die Backform geben und fest andrücken.
3. Brombeeren mit Puderzucker und Speisestärke verrühren und auf dem Teig verteilen. Die restlichen Streusel darüber verteilen und im Ofen 60 Minuten backen, abkühlen lassen, in Stücke schneiden und mit etwas Puderzucker bestäuben.

Cremig-knuspriger Schoko-Milchcreme-Kuchen

Dieser leckere Kuchen schmeckt beinahe wie ein Kinder Country!

Zutaten für 1 Backform (ca. 20 × 40 cm)

Für den Boden
300 g Vollmilchkuvertüre
250 g Weizenpops

Für die Creme
300 g weiße Kuvertüre
400 g Sahne
500 g Mascarpone
500 g Speisequark
2 Pck. Vanillezucker
5 EL Sahnesteif

Für das Topping
300 g Vollmilchkuvertüre
100 g weiße Kuvertüre
50 g Weizenpops
100 g Sahne

1. Die Backform leicht einfetten und den Boden mit Backpapier auslegen.
2. Für den Boden die Kuvertüre über einem Wasserbad (siehe Tipp) schmelzen, dann mit den Weizenpops vermengen, in die Form geben, glatt streichen, gut andrücken und in den Kühlschrank stellen.
3. Für die Creme die weiße Kuvertüre über einem Wasserbad schmelzen, Sahne steif schlagen. Mascarpone, Quark, Vanillezucker und Kuvertüre verrühren. Sahnesteif unterrühren und die Sahne unterheben. Die Creme auf den Knusperboden geben und für 30 Minuten kalt stellen.
4. Für das Topping die beiden Kuvertüresorten über einem Wasserbad schmelzen. Weizenpops auf der Crememasse verteilen. Geschmolzene Schokoladen verrühren und die Sahne unterrühren. Die Schokoladenmischung auf den Weizenpops verteilen und fest werden lassen.

Tipp:
Für ein Wasserbad benötigst du einen großen Topf und eine kleinere Schüssel oder einen kleinen Topf mit Henkeln. Fülle so viel Wasser in den großen Topf, dass die kleinere Schüssel das Wasser nicht berührt, wenn du sie in den großen Topf hängst. Nun erwärmst du das Wasser, bis es dampft, aber nicht kochst. Die Zutaten, die du schmelzen willst, gibst du in die kleinere Schüssel und lässt sie unter Rühren schmelzen.

Karotten-Gugelhupf mit Schokoladenkern

Ein Karotten-Gugelhupf ist an sich schon ziemlich saftig und lecker. Wenn sich aber noch ein saftiger Schokoladenkern im Inneren verbirgt, dann ist das einfach leckerer Wahnsinn.

Zutaten für 1 Gugelhupfform (Ø 24 cm)

1 Bio-Zitrone
9 Eier (Größe M)
300 g Karotten
90 g Zartbitterschokolade
300 g Zucker
1 Prise Salz
300 g gehackte Mandeln
225 g Mehl
1½ TL Backpulver
1½ EL Frischkäse
Puderzucker zum Bestäuben
etwas Fett für die Form

1. Den Backofen auf 180 °C Ober-/Unterhitze vorheizen. Die Form einfetten. Zitrone heiß abwaschen, trocken reiben, die Schale abreiben und den Saft auspressen. Eier trennen. Karotten waschen, putzen und raspeln. Zartbitterschokolade in Stücke brechen, über einem Wasserbad schmelzen (siehe Tipp Seite 24) und abkühlen lassen.
2. Eigelbe, 150 g Zucker, Salz, Zitronenschale und 3 EL Zitronensaft cremig rühren. Das Eiweiß steif schlagen und den restlichen Zucker einrieseln lassen. Mandeln, Mehl und Backpulver vermengen. Anschließend ⅓ des Eischnees unter die Eigelbmcsse heben.
3. Die Eigelbmasse halbieren. Die geraspelten Karotten, die Hälfte der Mandelmischung und ein weiteres Drittel des Eischnees unter die eine Hälfte heben. Frischkäse, restliche Mandelmischung, geschmolzene Schokolade und den restlichen Eischnee unter die andere Hälfte heben.
4. Den hellen Teig in die Form geben, in die Mitte eine Kuhle drücken (das geht mit einem Löffel perfekt) und den Schokoladenteig hineingeben, den hellen Teig darüber glatt streichen. Im Ofen ca. 45–50 Minuten backen. Vor dem Servieren mit Puderzucker bestäuben.

Wenn du mal am Osterfest richtig auftrumpfen willst, dann habe ich hier und auf der nächsten Seite meine zwei Lieblingsrezepte für dich.

TIPP:
Anstatt den Kuchen mit Puderzucker zu bestäuben, kannst du eine Glasur aus dem restlichen Zitronensaft und 100 g Puderzucker rühren und über den abgekühlten Kuchen geben.

Osterlamm-Gugelhupfe

Sind die nicht süß? Da wird jedes langweilige Osterfest bei den Großeltern zur Popcorn-Party. Ihr könnt eure Großeltern aber beruhigen. Die Lämmer machen garantiert keinen Dreck, fressen nicht viel und lassen sich notfalls auch verputzen. Und wenn es mal schnell gehen muss, kannst du als Basis auch fertige Gugelhupfe kaufen. Die größte Herausforderung bei diesem Kuchen ist es, das Überraschungsei in zwei Hälften zu teilen, ohne dass diese auseinanderbrechen.

Zutaten für 2 Gugelhupfformen (Ø 16 cm)

200 g Butter plus mehr für die Form
300 g Zucker
2 Pck. Vanillezucker
4 Eier (Größe M)
200 g Mehl
2 TL Backpulver
3 EL Backkakao
300 g Vollmilch- oder Zartbitterkuvertüre
100 g Popcorn
1 Überraschungsei
4 Zuckeraugen
Choco Krispies

1. Backofen auf 180 °C Ober-/Unterhitze vorheizen. Die Formen einfetten. Butter mit dem Zucker und Vanillezucker schaumig schlagen, die Eier nach und nach unterrühren. Mehl und Backpulver vermengen und unterrühren. Zuletzt das Kakaopulver unterrühren.
2. Den Teig in die beiden Gugelhupfformen geben und im Ofen ca. 30–35 Minuten backen, dann stürzen und auskühlen lassen.
3. Kuvertüre über einem Wasserbad schmelzen (siehe Tipp Seite 24). Einen kleinen Teil für die Garnierung beiseite stellen, die Gugelhupfe mit dem Rest überziehen. Popcorn darauf verteilen und fest werden lassen. Eine zweite Lage Popcorn daraufgeben, indem du das Popcorn an einer Stelle kurz in die Schokolade tauchst und auf das bereits befestigte Popcorn klebst.
4. Das Überraschungsei teilen, kurz in die Kuvertüre drücken und als Kopf auf das Popcorn kleben.
5. Zuckeraugen und Choco Krispies als Ohren und Mund mit der Schokolade am Überraschungsei befestigen.

Alle, die aufgrund der Jahreszeit nicht draußen feiern können, können zur Koch-Party einladen. Vorher den Gästen in der Einladung schon die Rezepte aufschreiben. So kannst du direkt Teams bilden, und jeder weiß, was zu tun ist. Es macht unglaublich Spaß, seine Party selber zu organisieren, zusammen zu kochen und dann am großen Tisch zu essen. Desserts dürfen hier natürlich auch nicht fehlen.

Eis-Party: In diesem Buch findest du auch ein paar Rezepte, um Eis selbst herzustellen. Hast du im Sommer Geburtstag? Dann kommt Eis am Stiel oder auch im Becher richtig gut an.

Wer im Sommer Geburtstag und einen Strand in der Nähe hat, kann nachmittags schon mit einem Beach-Ball-Spiel starten. Am Abend gibt es Snacks und Fingerfood am Lagerfeuer. Lasst euch über die Sicherheitsregeln für Feuer aufklären und nehmt am besten einen Erwachsenen mit.

Aber auch eine Garten-Party mit tollen Kuchen vom Buffet kann verlockend sein. Warnt aber vorher die Nachbarn.

Tipps für eine tolle Geburtstagsparty

Aus dem Alter für Spiele wie Topfschlagen oder Blinde Kuh seid ihr so langsam raus, oder? Aber ich habe eine paar tolle Ideen für ein gelungenes Fest.

Escape Rooms sind ein tolles Erlebnis, und Escape Kits (zum Download) für zu Hause gibt es eine Menge.

Pyjama-Party 2.0! Macht die Pyjama-Party zum Wellnesstempel. Im Internet findest du viele Rezepte für selbst gemachte Gesichtsmasken und Cremes. Popcorn darf da natürlich auch nicht fehlen.

Süße und herzhafte Muffins

Muffins sind einfach nicht mehr wegzudenken. Handlich und lecker gehören sie auf jedes Party-Buffet und sind perfekt für ein ausgiebiges Picknick. Das Papierförmchen ersetzt den Teller, und daher gehören Muffins zum besten Fingerfood der Welt. Und nicht nur die süßen Varianten sind der Knaller. Ich habe über die Jahre ein Muffin-Grundrezept entwickelt, welches fast unendlich variiert werden kann. Nimm das, was du gerade zur Hand hast, und experimentiere etwas.

Das Grundrezept ist immer für 12 Muffins. Du kannst den Teig beliebig teilen und mit tollen Zutaten ganz unterschiedlich backen. So hast du eine große Auswahl an verschiedenen Geschmacksrichtungen. Wenn du das Gefühl hast, dass durch die Zugabe deiner Lieblingszutat der Teig zu trocken geworden ist, dann kannst du noch etwas Milch unterrühren. Für einen langen TV- oder Serienabend kannst du die Muffins auch in einer Mini-Muffinform backen und dann snacken. Die Backzeit verringert sich dann auf 15 Minuten.

Du wirst merken, dass du nicht Hunderte von Muffinrezepten brauchst, sondern nur ein ganz einfaches mit genügend Variationen für das ganze Jahr. In nur 5 Minuten vorbereitet und in 20 Minuten gebacken, sind sie ebenso großartig, wenn du unerwarteten Besuch bekommst oder spontan einen Girls- oder Boys-Abend veranstalten möchtest.

Versuche ruhig einmal, das Weizen- gegen Vollkornmehl auszutauschen. Ich habe den Zuckergehalt des Grundrezeptes bewusst sehr niedrig gehalten. Wenn du es süßer magst, kannst du den Zuckergehalt natürlich auch noch etwas erhöhen, aber in der Regel schmeckt es allen auch so. Das Grundrezept enthält Speiseöl, das kannst du auch gegen zerlassene Butter austauschen. Auch die Milch lässt sich problemlos gegen Milchalternativen ersetzen. Ich liebe es, Kokos- oder Mandeldrinks zu verwenden, aber denke daran, dass diese auch den Geschmack verändern.

Muffin-Grundrezept

Zutaten
für 12 Stück

250 g Mehl
3 TL Backpulver
70 g brauner Zucker
1 Ei (Größe M)
125 ml Speiseöl
250 ml Milch
1 TL Vanilleextrakt
Muffinblech und Papier-Muffinförmchen

1. Backofen auf 200 °C Ober-/Unterhitze vorheizen und die Muffinform mit Papierförmchen auslegen.
2. Mehl und Backpulver vermengen und in eine Schüssel sieben. Zucker unterrühren. In einer zweiten Schüssel Ei, Öl, Milch und Vanille verrühren. Die feuchten Zutaten zu den trockenen Zutaten geben und unterrühren. Teig in die Förmchen füllen und 20 Minuten backen, ggf. Stäbchenprobe machen (siehe Seite 12).

Blaubeermuffins

150 g Blaubeeren (frisch oder gefroren) unter den Teig heben.

weitere Variationen ›››

Schoko-Kirsch-Muffins

30 g Mehl gegen 30 g Backkakao austauschen und 60 g entsteinte und klein gehackte Kirschen unter den Teig heben.

Orangen-Kokosnuss-Karotten-Muffins

Milch durch Orangensaft ersetzen, 100 g geraspelte Karotte und 50 g Kokosraspel unter den Teig heben.

weitere Variationen ❯❯❯

Johannisbeer-Muffins

150 g rote Johannisbeeren und 200 g Schmand unterheben. Die Milch weglassen.

Macadamia-Muffins

120 g gehackte Macadamianüsse und 140 g grob gehackte weiße Schokolade untermengen.

weitere Variationen ›››

Ananas-Kokosnuss-Muffins

200 g Ananasstücke (frisch oder aus der Dose) und 50 g Kokosraspel unterheben.

Joghurt-Beeren-Muffins

150 g Beeren (frisch oder gefroren) und anstelle von 250 ml Milch 250 g Joghurt verwenden.

weitere Variationen ›››

Spinat-, Pesto- und Käse-Muffins

Zucker und Vanilleextrakt weglassen. 120 g geriebenen Käse, 2 TL grünes oder rotes Pesto und 50 g Babyspinat unter den Teig mengen.

Schinken-, Käse- und Pilz-Muffins

Zucker und Vanilleextrakt weglassen. 120 g geriebenen Käse, 120 g gewürfelten Schinken und 100 g gewürfelte Champignons unter den Teig heben.

weitere Variationen ›››

Mais-Tomaten-Muffins

Zucker und Vanilleextrakt weglassen. 100 g geriebenen Käse, 150 g Mais (aus der Dose, abgetropft) und 30 g getrocknete, gehackte Tomaten (oder gehackte Tomaten aus der Dose) unter den Teig rühren.

Paprika-Feta-Muffins

150 g rote Paprika waschen, entkernen, in Streifen schneiden und im vorgeheizten Ofen bei 180 °C 10 Minuten anrösten, abkühlen lassen, dann würfeln und zusammen mit 200 g gewürfeltem Feta unter den Teig heben.

Kleingebäck und Kekse

Kekse mögt ihr! Denn ALLE lieben diese großen Riesenkekse, die verführerisch in den Auslagen von Coffee-Shops liegen.

Ich verrate euch hier mein Grundrezept, mit dem ihr Hunderte von Variationen herstellen könnt. Kekse sind nicht nur toll für ein Candy-Buffet, sondern auch eine schöne Geschenkidee. Hier ein paar Tipps für die perfekten Kekse:

- Alle Zutaten sollten Zimmertemperatur haben, so lassen sie sich leichter zu einem glatten Teig verkneten.
- Teig zu einer Kugel formen und vor der Weiterverarbeitung am besten in Klarsichtfolie wickeln und 1 Stunde ruhen lassen (am besten an einem kühlen Ort).
- Mehl und Puderzucker immer sieben.
- Wer an einem Tag richtig viel backen will, der sollte sich auf jeden Fall noch Backbleche zulegen, denn das Backblech muss immer kalt sein, sonst zerläuft der Keksteig schon, wenn du den Teig auf das Blech setzt.
- Teig am besten zwischen zwei Backpapierlagen ausrollen. Die meisten Leute verwenden immer zu viel Mehl beim Ausrollen der Kekse. Das verändert die Struktur und den Geschmack der Kekse zu sehr.
- Keksausstecher immer mal wieder mit Mehl bestäuben. So lässt sich der Teig mühelos ausstechen.
- Wer einen großen Kühlschrank hat, dem empfehle ich, das Backblech samt ausgestochener Kekse vor dem Backen 30 Minuten in den Kühlschrank zu stellen. Das verhindert, dass die Kekse beim Backen zu sehr auseinanderlaufen.
- Glasuren immer nur langsam erwärmen, da sie sonst schnell verbrennen.
- In der Regel backe ich meine Kekse auf der mittleren Schiene. Maximal zwei Bleche mit Keksen gleichzeitig im Ofen backen und dabei das obere Blech gut im Auge behalten.

Meine Lieblingskekse

1 Grundrezept und 1000 Möglichkeiten

Also ich liebe Kekse! Klassische Schokoladenkekse, Rosinen-Kekse, Erdnussbutter-Kekse, klebrige, gesalzene Karamell-Kekse und vor allem Weihnachtsplätzchen … die Varianten und Kombinationen sind endlos!

Da es so viele leckere Geschmacksrichtungen gibt, habe ich beschlossen, einen Keksteig zu machen, den man für unzählige Variationen nutzen kann. Der Teig hat die perfekte Balance aus braunem Zucker, weißem Zucker, Butter und einer kleinen Prise Salz. Das Ergebnis? Ein dekadenter Keks im Bäckerei-Stil. Backt diesen Keks nach und teilt euer Ergebnis gerne mit dem #patrickrosenthalkekse in den Social-Media-Plattformen. Ich freue mich drauf.

Keks-Grundrezept

Zutaten für ca. 14 Kekse

225 g Butter
200 g brauner Zucker
175 g (weißer) Zucker
2 Eier (Größe M)
2 TL Vanilleextrakt
360 g Mehl
1 TL Backpulver
1 TL Salz

1. Butter schmelzen und auf Zimmertemperatur abkühlen lassen. Geschmolzene Butter, Zucker, Eier und Vanilleextrakt in eine große Schüssel geben und verrühren. In einer separaten Schüssel das Mehl, Backpulver und Salz vermengen. Mehlmischung zur Buttermischung geben und mit einem Spatel verrühren. Teig 1 Stunde kalt stellen.
2. Den Teig in 14 Teile teilen. Nun fügst du deinen Lieblingsmix (siehe ab Seite 49) zu den Teigstücken hinzu und knetest ihn kurz unter, formst die Teigstücke zu Kugeln und stellst diese nochmals 30 Minuten in den Kühlschrank.
3. Backofen auf 180 °C Ober-/Unterhitze vorheizen. Ein Backblech (oder mehrere) mit Backpapier auslegen. Die Kugeln (nicht platt drücken) auf das Backblech legen und ca. 12 Minuten backen. Der Rand sollte leicht braun werden und die Mitte noch etwas teigig sein. Auf dem Blech noch 5 Minuten abkühlen lassen, dann genießen. In einem luftdichten Behälter halten sich die Kekse 3 Tage.

Zimt-Bananen-Cookies mit Vollmilchschokolade

Zutaten für 14 Kekse

1 Grundrezept (siehe Seite 48)
14 Bananenchips
60 g Vollmilchschokolade
1 EL Zimt

Den Grundteig herstellen und kalt stellen. Bananenchips und Schokolade grob hacken und mit dem Zimt vermischen. Den Grundteig in 14 Stücke teilen und je 1 EL des Lieblingsmix unter jedes Teigstück kneten. Nochmals kalt stellen. Dann wie auf Seite 48 beschrieben backen.

Matcha-Weiße-Schokolade-Cookies-Lieblingsmix

Zutaten für 14 Stück

1 Grundrezept (siehe Seite 48)
80 g weiße Schokolade (oder Schokoladendrops)
1 TL Matchapulver

Den Grundteig herstellen und kalt stellen. Schokolade hacken und mit dem Matchapulver vermengen. Den Grundteig in 14 Stücke teilen und je ca. 1 TL der Mischung unter jedes Teigstück kneten. Nochmals kalt stellen, dann wie auf Seite 48 beschrieben backen.

3-Schokoladen-Kekse

Zutaten für 14 Stück

1 Grundrezept (siehe Seite 48)
1 TL Backkakao
30 g weiße Schokolade
30 g Zartbitterschokolade
30 g Vollmilchschokolade

Den Grundteig herstellen, dabei den Backkakao einarbeiten und kalt stellen. Die Schokoladensorten grob hacken und mischen, den Grundteig in 14 Stücke teilen und je 1 großzügigen TL Schokolade unter jedes Teigstück kneten. Nochmals kalt stellen, dann wie auf Seite 48 beschrieben backen.

Honig-Mandel-Kekse

Zutaten für 14 Stück

- 1 Grundrezept (siehe Seite 48)
- 100 g Mandeln (mit Haut)
- 20 g flüssiger Honig

Den Grundteig herstellen und kalt stellen. Mandeln kurz in einer Pfanne ohne Fett anrösten, Honig unterrühren und abkühlen lassen. Mandeln grob hacken. Den Grundteig in 14 Stück teilen und die Mandelstücke unter die Teigstücke kneten. Nochmals kalt stellen, dann wie auf Seite 48 beschrieben backen.

Haselnuss-Kekse

Zutaten für 14 Stück

- 1 Grundrezept (siehe Seite 48)
- 80 g Haselnusskerne (mit Haut)
- 50 g Vollmilchschokolade

Den Grundteig herstellen und kalt stellen. Haselnusskerne in einer Pfanne ohne Fett leicht anrösten, dann auskühlen lassen. Schokolade grob hacken. Beides vermengen. Den Grundteig in 14 Stücke teilen und die Schoko-Nuss-Mischung unter die Teigstücke kneten. Nochmals kalt stellen, dann wie auf Seite 48 beschrieben backen.

DAILY NEWSPAPER OF THE YEAR
TIMES
Deaths from
May prepares
after cabinet
MEDITERRANEA
primavera – estate 2019
www.forte-forte.com
orte

Gesalzenes Butterkaramell

Zutaten für 14 Stück

1 Grundrezept (siehe Seite 48)
80 g Vollmilchschokolade
14 EL Salzkaramell (gekauft oder selbst gemacht, siehe unten)

Den Grundteig herstellen und kalt stellen. Schokolade grob hacken und mit dem Salzkaramell verrühren. Den Grundteig in 14 Stücke teilen und die Salzkaramell-Schokolade unter die Teigstücke kneten. Nochmals kalt stellen, dann wie auf Seite 48 beschrieben backen.

Salzkaramell

Das Salzkaramell kannst du ganz einfach selber machen.

Zutaten für ca. 200 g

150 g Zucker
150 g Sahne
50 g Butter
1 Prise Meersalz

1. Zucker mit 3 EL Wasser in eine Pfanne geben und langsam karamellisieren lassen.
2. Sahne zugießen und 5 Minuten köcheln lassen, bis sich der Zucker vollständig aufgelöst hat.
3. Vom Herd nehmen und Butter und Salz unterrühren, dann auskühlen lassen.

Spekulatiuskekse

Zutaten für 14 Kekse

1 Grundrezept (siehe Seite 48)
14 TL Spekulatiusaufstrich (siehe unten)
1 TL Speisestärke

Spekulatiusaufstrich mit der Speisestärke verrühren und als Lieblingsmix unter die Teigstücke kneten.

Tipp:
Du kannst einen fertigen Spekulatiusaufstrich verwenden oder diesen ganz einfach selbst machen. Er schmeckt so lecker auf warmem Toast.

Spekulatiusaufstrich

Zutaten für 1 Glas (ca. 400 ml)

200 g Spekulatius
1 TL Spekulatiusgewürz
60 g weiche Butter
40 g brauner Zucker
80 g ungezuckerte Kondensmilch (10 % Fettanteil)
1 TL gemahlener Zimt

1. Gewürzspekulatius in einer Küchenmaschine sehr fein mahlen, restliche Zutaten dazugeben und in der Küchenmaschine zu einer Creme pürieren.
2. In ein steriles Glas füllen und luftdicht verschließen. Vor dem ersten Verzehr für 12 Stunden im Kühlschrank ziehen lassen.

Affen-Cupcakes

Zutaten für 12 Stück

100 g weiche Butter
150 g Zucker
2 Eier (Größe M)
2 reife Bananen
150 g Mehl
1 ½ TL Backpulver
¼ TL Zimt
75 ml Buttermilch

Für das Topping
200 g Vollmilch-schokolade
50 g Sahne
12 Paar Zuckeraugen
12 gelbe Brause-Ufos
24 braune Schokolinsen
schwarzer Lebensmittel-stift
Muffinblech und Papier-Muffinförmchen

1. Backofen auf 180 °C Ober-/Unterhitze vorheizen und die Muffinform mit den Papierförmchen auslegen. Butter zusammen mit dem Zucker mit dem elektrischen Handrührgerät cremig rühren. Eier einzeln unterrühren.
2. Bananen schälen und mit einer Gabel zerdrücken. Mehl, Backpulver und Zimt vermengen.
3. Mehlmischung im Wechsel mit den Bananen und der Buttermilch zur Eimischung geben und unterrühren.
4. Den Teig in die Förmchen geben und ca. 25 Minuten backen, dann auskühlen lassen.
5. Für das Topping Schokolade in Stücke brechen und mit der Sahne über einem Wasserbad (siehe Tipp unten und auf Seite 24) schmelzen lassen. Muffins nacheinander mit der Oberseite in die geschmolzene Schokolade tauchen, abtropfen und fest werden lassen. Mit dem schwarzen Stift Mund und Nase auf das Ufo malen. Zuckeraugen, Ufos und Schokolinsen als Ohren mit der restlichen Schokolade auf den Cupcakes kleben.

TIPP

Schokolade am besten über einem Wasserbad schmelzen lassen und darauf achten, dass die Temperatur 45 °C (bei weißer Schokolade 40 °C) nicht übersteigt. Vor dem weiteren Verarbeiten die Schokolade etwas abkühlen lassen. Die Schokolade darf beim Schmelzen im Wasserbad nicht in Berührung mit dem Wasser kommen, da sie sonst klumpt.

Kuchen in der Eiswaffel

Zutaten für 6 Stück

300 g fertiger Biskuitkuchen (oder Kuchenreste)
4 EL Marmelade (hier kannst du deine Lieblingsmarmelade nehmen)
6 Eiswaffeln
200 g Vollmilch- oder Zartbitterkuvertüre
bunte Streusel

1. Biskuit klein bröseln und die Marmelade mit den Händen unterkneten. Aus der Masse 6 Kugeln formen, in die Waffel drücken und kalt stellen.
2. Kuvertüre über einem Wasserbad (siehe Seite 24) schmelzen, die Teigkugeln in die Schokolade tauchen (du kannst auch die Waffel mit eintauchen), mit Streuseln verzieren und gut trocknen lassen.

Lust auf Picknick?

Ein Picknick mit Freundinnen und Freunden macht eine Menge Spaß. Damit das Picknick auch zu einem richtig guten Erlebnis wird, verrate ich dir meine Picknick-Tipps für einen gelungenen Tag.

- Grundsätzlich darf man überall in der freien Natur seine Picknickdecke auspacken und seine Speisen genießen, es sei denn, es handelt sich um ein Privatgrundstück oder ein »Picknick verboten«-Schild ist aufgestellt. Ich liebe den Schatten unter großen Bäumen im Sommer, und wenn ich einen Platz an einem Gewässer bekomme, dann habe ich richtig Glück, denn ab und zu kann ich mich im kühlen Nass erfrischen, und im seichten Wasser am Ufer kann man Getränke wunderbar kühlen. Damit die Flaschen nicht wegschwimmen, habe ich immer eine Kordel dabei und binde sie zusammen.
- Ein Picknickkorb ist toll und praktisch, denn er bietet eine Menge Platz für Besteck und Co. Aber ein Rucksack oder Weidenkorb geht natürlich auch.
- Eine Picknickdecke darf natürlich nicht fehlen. Schau, dass du eine große, robuste Decke findest, damit alle Platz haben. Ein paar Kissen machen das Picknick zur »Chill out«-Zone.
- Nutze bitte kein Einweggeschirr. Wenn du mehrmals Lust auf Picknick hast, lohnt sich die Anschaffung von bruchsicherem, leichtem Melamin-Geschirr.
- Geeignete Speisen und Getränke zum Mitnehmen findest du in diesem Buch reichlich. Verzichte bei hohen Temperaturen auf Lebensmittel, die noch rohe Eier enthalten. Auch Milchprodukte zum Trinken sollten eher vermieden werden, da diese bei hohen Temperaturen leicht verderben.
- Für mich gehört neben einem Sonnenschutzmittel auch ein Insektenschutz mit zur Picknickausrüstung. Am besten in Form von Sprays oder

Cremes. Und wenn es so richtig heiß wird: Sonnenbrille und Sonnenhut nicht vergessen.

- Nutze die Zeit für ein paar gemeinsame Spiele. Federball, Frisbee und Karten- oder Brettspiele sind gar nicht so uncool.
- Was ich sonst noch einpacke? Feuchttücher, Toilettenpapier, Servietten und nicht zu vergessen: Mülltüten, um den entstandenen Müll einzusammeln und zu entsorgen.
- Achte darauf, verschüttete Getränke direkt aufzuwischen und Essenreste sofort zu entsorgen. Ansonsten droht Besuch von ungebetenen Insektengästen.
- Farbenfrohe Kleidung ist für den Sommer zwar toll, aber bunte Kleidung lockt auch den ein oder anderen Käfer an.
- Eine Muffinform kann wunderbar zur Snackbox umfunktioniert werden, hält aber auch Getränkebecher sicher am Platz.
- Ein paar Wasserflaschen zu Hause einfrieren und mitnehmen. Sind für deine Speisen ein tolles Kühlelement, das Wasser schmilzt langsam in der Flasche und ist damit auch noch eine kühle Erfrischung.
- Einmachgläser sind eine gute Transportmöglichkeit für Salate.
- Leere Eierkartons sind perfekt, um Fingerfood zu transportieren.
- Muffinformen aus Papier ergeben umgedreht auf einer Flasche oder einem Glas eine tolle Abdeckung. Einfach einen Papier- oder Glasstrohhalm in die Mitte des Papierförmchens stecken.

Cocktails, Shakes und Limonaden

Neben dem Essen sind auch Getränke auf jeder Party total wichtig und dürfen nicht fehlen. Selbst gemachte Limonaden im Sommer? Ein Traum. Cocktails (natürlich alkoholfrei) sehen nicht nur schick aus, sondern machen auch echt Laune. Ich kann mich noch an meinen 14. Geburtstag erinnern. Meine Eltern hatten zur Geburtstagsfeier für mich und meine Gäste einen Cocktail-Mixer engagiert, der uns den ganzen Abend mit frischen Cocktails versorgte. Das war so spannend, dass wir später anfingen, unsere eigenen Kreationen zu mixen. Traut euch!

Hibiskus-Eistee

Gesund, lecker und erfrischend!

Eistee selbst machen? Kann ich - und du auch. Also steht der Sommerparty nichts im Wege. Und preiswert ist es noch dazu. Umgerechnet kostet mich 1 Liter Bio-Hibiskus-Eistee gerade mal 40 Cent. Klingt gut, oder?

Zutaten für 1 Liter

- 20 g getrocknete Hibiskusblüten
- Honig, Zucker oder Erythrit zum Süßen (nach Belieben)
- Eiswürfel o. Ä. zum Servieren

1 l Wasser zum Kochen bringen, dann auf ca. 90 °C abkühlen lassen und die getrockneten Hibiskusblüten damit übergießen. Ca. 8–16 Minuten (je nach gewünschtem Geschmack) ziehen lassen. Nach Belieben süßen. Abgießen und mit Eis servieren.

Tipps:

Hibiskustee hat einen fein säuerlichen Geschmack, daher lässt er sich perfekt mit etwas Honig abrunden. Aber auch Limettensaft, frischer Ingwer oder Zitrone passen perfekt. In einigen Studien wurde nachgewiesen, dass sich Hibiskustee positiv auf den Körper auswirken kann. Für mich ist es der perfekte Eistee, um meinen Körper beim Entgiften zu unterstützen. Achte darauf, dass du unbedingt getrocknete Hibiskusblätter in Bio-Qualität kaufst. Ich lasse meinen Tee ca. 10–15 Minuten bei 90 °C ziehen, das soll die perfekte Temperatur zum Extrahieren der nützlichen Antioxidantien sein. Der Tee wird aber dadurch ein wenig bitter.

Selbst gemachte Zitronenlimonade

Zutaten für 1 Liter

5 Bio-Zitronen
2 Zweige Zitronenthymian oder normaler Thymian
80 g Zucker
700 ml Mineralwasser
Eiswürfel

1. Am Vortag die Zitronen heiß abwaschen, trocken reiben und die Schale von 3 Zitronen abreiben, dabei darauf achten, nur den gelben Teil abzulösen, da die weiße Haut bitter ist. Alle Zitronen auspressen.
2. Zitronenschalen und (Zitronen-)Thymian zusammen mit dem Zucker in einen Mörser geben und kräftig zerdrücken. Zitronenzucker mit 300 ml Wasser und Zitronensaft vermengen und über Nacht ziehen lassen.
3. Die Limonade durch ein Sieb geben und mit Mineralwasser auffüllen. Mit Eiswürfeln servieren.

Tipp:

Für die Herstellung der Zitronenlimonade ZERO ist Erythrit gut geeignet, da der Zuckeraustauschstoff keinen Einfluss auf den Blutzuckerspiegel haben soll und als gesundheitlich unbedenklich eingestuft wird. Ich habe für die ZERO-Version 100 g Erythrit genommen, da die Süßkraft etwas geringer als beim herkömmlichen Zucker ist. Mehr Erythrit sollte aber auch nicht verwendet werden, da die Wasserlöslichkeit begrenzt ist.

Lemon Curd Milchshake

Zutaten für 1 Portion (500 ml)

3 EL Lemon Curd
(siehe Seite 72)
3 Kugeln Vanilleeis
300 ml Milch

Lemon Curd mit einem kleinen Schneebesen verrühren, sodass eine cremige Masse entsteht. Diese Masse in ein großes Glas geben. Vanilleeis dazugeben, mit Milch aufgießen, verrühren und genießen.

TIPP:

Lemon Curd ist eine Creme, die aus Eiern, Zucker, Butter sowie Zitronen hergestellt wird und fast eine puddingartige Konsistenz hat. Sie ist vielseitig einsetzbar. Mittlerweile findet man Lemon Curd in den Supermarkt-regalen zwischen den Marmeladen und Konfitüren. Du kannst das Lemon Curd auch ganz einfach selber machen.

Lemon Curd

Zutaten für 4 Gläser (à 120 ml)

5 Bio-Zitronen
5 Eier (Größe M)
140 g Zucker
125 g kalte Butter

1. Zitronen heiß abwaschen, trocken reiben und mit einem Zestenreißer die Schale fein abreiben. Dabei darauf achten, dass du nicht die weiße Haut mit abreibst, da diese meist bitter schmeckt.
2. Zitronen auspressen, sodass du ca. 150 ml Zitronensaft erhältst. Den Zitronensaft mit dem Zitronenabrieb in einem Topf aufkochen.
3. Die Eier zusammen mit dem Zucker mit dem elektrischen Handrührgerät zu einer weißen Creme aufschlagen. Die Hälfte des aufgekochten Zitronensafts zur Eimasse geben und unterrühren. Die andere Hälfte des aufgekochten Zitronensafts im Topf lassen, die Eimasse hinzufügen und alles bei kleinster Stufe und unter ständigem Rühren stocken lassen. Die Masse durch ein Sieb passieren und auf 75 °C abkühlen lassen, dann die kalte Butter in Würfel schneiden und unterrühren. Die Masse in 4 Gläser füllen und kühl stellen.

Tipp

Was bedeutet eigentlich stocken lassen?
Stocken bezeichnet eigentlich nur den langsamen Prozess des Garens von Eiern oder eierhaltigen Speisen, wenn sie vom flüssigen Zustand auf dem Herd, im Backofen oder auch im Wasserbad in den festen Zustand übergehen. Zu große Hitze beim Stocken ist aber zu vermeiden.

Hier auch meine TOP 8-»easy peasy«-Rezepte mit Lemon Curd!

Schnelles Trifle

Für dieses schnell gemachte Dessert kleine Würfel Zitronenkuchen auf Gläser verteilen. Darauf aufgetaute TK-Beeren mit etwas vom Saft der aufgetauten Beeren geben. Mit je 1 TL Lemon Curd und geschlagener Sahne toppen.

Milchreis

In den noch warmen selbst gemachten Milchreis kurz vor dem Servieren einen Teelöffel Lemon Curd rühren.

Meringue-Lemon-Eiscreme

Etwas Vanilleeis mit Lemon Curd und zerbröselten Meringues vermengen und wieder einfrieren.

Zitronenbutter

Einfach etwas Lemon Curd mit weicher Butter verrühren und im Kühlschrank fest werden lassen. So lecker auf warmem Toast.

Cheesecake-Bites

Lemon Curd mit Frischkäse verrühren und auf Butterkekse streichen.

Gegrillte Croissants

Croissants halbieren, mit Lemon Curd bestreichen und mit Puderzucker bestäuben. Im Backofen unter der Grillfunktion kurz bräunen.

Schnelle Tarte

Lemon Curd auf einen fertigen Tortenboden verstreichen, mit Birnenhälften aus der Dose belegen und mit geschmolzener Schokolade beträufeln. Fertig!

Pfannkuchen

Mehrere heiße Pfannkuchen mit Mascarpone und Lemon Curd bestreichen, aufeinanderlegen und in »Kuchenstücke« schneiden.

Cocktail »Am Pool«

Zutaten für 2 Martini-Gläser

200 ml Ananassaft
2 cl Blue-Curaçao-Sirup
4 cl Kokosmilch
2 cl Sahne
Eiswürfel

Alle Zutaten (bis auf die Eiswürfel) in einen Cocktailshaker geben und gut schütteln. Alternativ kannst du die Zutaten auch in ein hohes Gefäß geben und mit einem Schneebesen verrühren. Auf Eis servieren.

Alkoholfreier Caipirinha

Zutaten für 1 Glas

1 Limette
200 ml Ginger Ale
2 EL Rohrzucker
Eiswürfel

Den Saft der Limette auspressen. Alle Zutaten (bis auf die Eiswürfel) in einen Cocktailshaker geben und gut schütteln. Alternativ kannst du die Zutaten auch in ein hohes Gefäß geben und mit einem Schneebesen verrühren. In ein großes Glas mit Eiswürfeln gießen und genießen.

Cocktail »Picknick«

Zutaten für 1 Martini-Glas

200 ml Orangensaft
2 cl Blue-Curaçao-Sirup
Eiswürfel

Alle Zutaten (bis auf die Eiswürfel) in einen Cocktailshaker geben und gut schütteln. Alternativ kannst du die Zutaten auch in ein hohes Gefäß geben und mit einem Schneebesen verrühren. Auf Eis servieren.

TIPP:

Für Gläser mit Zuckerrand einen flachen Teller mit Zitronensaft und einen flachen Teller mit Zucker bereitstellen. Tauche den Rand des Glases zuerst in den Zitronensaft und anschließend in den Zucker.

Fingerfood, Snacks und Herzhaftes

»Auf die Hand bitte«. Ergibt Sinn, denn mit Fingerfood in der einen, kann man in der anderen Hand noch schnell das Smartphone halten und Selfies machen. Fingerfood und kleine Snacks haben aber auch den großen Vorteil, dass man meist nur eine Serviette benötigt. Und die Snackvielfalt ist so groß, dass man durch die kleinen Portionen einfach viel mehr probieren kann.

Frühlingstarte

Zutaten für 1 Tarteform (Ø 26 cm)

150 g Mehl
50 g Haferflocken
1 Prise Salz
80 g Butter plus mehr für die Form
100 g Crème fraîche mit Kräutern
3 große Zucchini
4 große Karotten
2 EL Speiseöl
Salz
Pfeffer
½ Bund Schnittlauch
etwas Thymian
2 EL Olivenöl

1. Mehl, Haferflocken und Salz zusammen mit der Butter und 100 ml Wasser zu einem glatten Teig verkneten und 1 Stunde kalt stellen.
2. Backofen auf 200 °C Ober-/Unterhitze vorheizen und die Tarteform einfetten. Den Teig auf einer bemehlten Arbeitsfläche ausrollen und die Tarteform damit auskleiden. Den Boden mehrfach mit einer Gabel einstechen und mit Crème fraîche bestreichen.
3. Zucchini und Karotten waschen, putzen, mit einem Sparschäler in lange Streifen schneiden und mit dem Speiseöl vermengen. Beides von innen nach außen spiralförmig auf dem Teig verteilen und mit Salz und Pfeffer würzen. Im Ofen etwa 35 Minuten backen.
4. Schnittlauch waschen, trocken schütteln und in Röllchen schneiden. Mit dem Thymian und dem Olivenöl vermengen und vor dem Servieren über die Tarte gießen.

Salat im Glas »Asia Style«

Dieser Salat mit Glasnudeln ist rasch zu einem meiner Favoriten geworden. Er ist schnell zubereitet und schmeckt lecker. Brokkoli-Röschen, Erbsen und geröstete Cashewkerne, alles vermengt mit einer süßen und würzigen Vinaigrette aus fruchtigem Limettensaft. Großartig als Partyfood im Glas.

Zutaten für 4 Portionen

400 g Brokkoli
70 g Cashewkerne
4 EL Limettensaft
2 EL Sonnenblumenöl
2 EL Ahornsirup
4 EL Sojasoße
400 g Erbsen (TK)
250 g Glasnudeln

1. Brokkoli waschen, putzen, Strunk entfernen und in Röschen teilen. Cashewkerne in einer Pfanne ohne Fett rösten. Für die Vinaigrette Limettensaft, Öl, Ahornsirup und Sojasoße verrühren.
2. Brokkoli in kochendem Salzwasser 5 Minuten garen, nach 3 Minuten die TK-Erbsen zugeben, alles abgießen und mit kaltem Wasser abschrecken.
3. Glasnudeln nach Packungsanleitung zubereiten, abschrecken und gut abtropfen lassen. Das Dressing auf 4 Gläser aufteilen und die restlichen Zutaten darauf schichten. Erst direkt vor dem Essen verrühren, so wird der Salat nicht matschig.

Knusprige Sushi-Rollen

Zutaten

250 g Sushi-Reis
3 Karotten
500 grüner Spargel
100 g Panko
(jap. Paniermehl)
50 g Sesam
frische Kräuter wie
Petersilie, Schnittlauch
und Koriander
8 Nori-Blätter
50 g Reismehl
2 Eier
Speiseöl
1 Sushi-Matte

1. Sushi-Reis nach Packungsanweisung zubereiten und abkühlen lassen. Karotten waschen, putzen und achteln. Den Spargel waschen und die holzigen Enden abschneiden. Panko und Sesam vermengen. Die Kräuter waschen, trocken schütteln und fein hacken.
2. Jedes Nori-Blatt zu ⅔ mit Sushi-Reis belegen und diesen andrücken. Mittig je ein Stück Spargel und Karotte auflegen und frische Kräuter darauf verteilen.
3. Mithilfe einer Sushi-Matte das Nori-Blatt aufrollen, am Ende etwas mit Wasser anfeuchten und schließen. Das Reismehl und die Pankomischung jeweils in einen tiefen Teller geben. Die Eier in einem weiteren tiefen Teller verquirlen. Die Sushi-Rollen halbieren und zuerst in Reismehl, dann in Ei, dann in der Pankomischung wenden.
4. Etwas Öl in einer großen Pfanne erhitzen und die Sushi-Rollen kurz im heißen Fett knusprig backen. Dann in Stücke schneiden.

TIPP:

Anstelle von Spargel kannst du auch Gurke oder Zucchini nehmen. Wer es noch einfacher mag, der spart sich die Panade und das Anbraten der Sushi-Rollen (aber nur, wenn du eine Füllung benutzt, die nicht zu hart ist) und schneide die Sushi-Rollen direkt in Scheiben.

Tipp:

Was ist eigentlich eine Sushi-Matte?
Eine Sushi-Matte besteht meist aus runden, schmalen Bambusstäben. Sie gibt den Zutaten auf der Matte Halt und erleichtert das Zusammenrollen. Sushi-Matten sind preiswert im Supermarkt und Asia-Läden zu bekommen.

Rote-Bete-Herzen

Zutaten für ca. 20 Stück

200 g gegarte Rote Bete
200 g geriebener Käse
Salz
Pfeffer
1 Pck. frischer Blätterteig
1 Ei

1. Backofen auf 180 °C Umluft vorheizen. Ein Backblech mit Backpapier auslegen. Rote Bete pürieren, mit dem geriebenen Käse vermengen und mit Salz und Pfeffer würzen.
2. Den Blätterteig ausrollen und die Masse darauf verteilen. Den Blätterteig von beiden Seiten bis zur Mitte aufrollen und in 1 cm dicke Scheiben schneiden.
3. Die einzelnen Scheiben zu Herzen formen, dafür die Spitze richtig schön formen. Das Ei verquirlen und die Herzen damit bestreichen. Herzen auf das Blech legen und 12–15 Minuten goldbraun backen. Danach (nach Belieben) in die Mitte ein Stäbchen drücken.

Käse-Spinat-Schnecken

Zutaten für ca. 15 Stück

250 g TK-Blattspinat
1 Zwiebel
2 Knoblauchzehen
1 EL Olivenöl
200 g geriebener Käse
1 Pck. frischer Blätterteig
1 Ei

1. Blattspinat auftauen, abtropfen lassen und mit den Händen leicht ausdrücken. Zwiebel und Knoblauch schälen und würfeln. Öl in einer Pfanne erhitzen. Zwiebeln und Knoblauch darin andünsten.
2. Backofen auf 200 °C Ober-/Unterhitze vorheizen. Ein Blech mit Backpapier auslegen. Spinat, Zwiebeln, Knoblauch und Käse in einer Schüssel vermischen. Blätterteig ausrollen und die Masse darauf verteilen. An einer langen Seite am Rand 2 cm frei lassen und mit etwas Wasser befeuchten.
3. Den Teig von der langen Seite her aufrollen und den befeuchteten Teil am Ende andrücken. Die Rolle in ca. 2 cm breite Stücke schneiden und auf das Blech legen. Ei verquirlen. Die Schnecken damit bestreichen.
4. Schnecken auf mittlerer Schiene ca. 15 Minuten backen. Danach ein Stäbchen in die Mitte drücken.

Kartoffelsalat mit Kräuterbutter und Spinat

Ihr werdet diesen Salat lieben. Beim Grillen, auf der Gartenparty oder beim Picknick!

Zutaten für 4 Portionen

500 g festkochende Kartoffeln
2 Eier
80 g Kräuterbutter
10 kleine Cornichons
1 Glas getrocknete Tomaten
4-5 Radieschen
1 Bund Frühlingszwiebeln
40 g frischer Spinat
2 TL Weißweinessig
Salz
Pfeffer

1. Die Kartoffeln schälen und in kleine, mundgerechte Stücke schneiden. In reichlich Salzwasser etwa 15-20 Minuten kochen, bis sie gar sind. Die Eier in reichlich Wasser in etwa 8 Minuten hart kochen und abschrecken.
2. Die Kartoffeln abgießen und 20 g Kräuterbutter hinzugeben. Alles vorsichtig vermengen. Eier schälen und genauso wie Cornichons, getrocknete Tomaten und Radieschen in kleine Stücke bzw. dünne Halbmonde schneiden. Frühlingszwiebeln waschen, putzen und in Ringe schneiden. Spinat waschen, trocken schütteln und grob hacken.
3. Die restliche Kräuterbutter schmelzen und den Essig hinzugeben. Das Gemüse damit vermengen und alles zu den Kartoffeln geben. Mit etwas Salz und Pfeffer abschmecken.

Würstchen im Teigmantel

Zutaten
für ca. 16 Stück

1 Pck. frischer Blätterteig
1 Ei
8 Wiener Würstchen
2 EL Senf
1 kleine Handvoll
frische Kräuter
(z. B. Thymian, Majoran
oder Rosmarin)
Salz

1. Backofen auf 200 °C Ober-/Unterhitze vorheizen. Ein Backblech mit Backpapier auslegen. Blätterteig ausrollen und in 16 kleine Rechtecke schneiden. Ei mit 1 EL Wasser verquirlen. Die Würstchen einmal in der Mitte durchschneiden.
2. Die untere Hälfte jeder Blätterteigecke mit Senf bestreichen und mit Kräutern belegen. Je ein halbes Würstchen auf die untere Seite legen und aufrollen. Mit dem verquirltem Ei bestreichen. Mit einer Gabel mehrmals einstechen und mit etwas Salz bestreuen. Auf das Blech legen und ca. 25 Minuten goldbraun backen.

Herzhafte Croissants

Zutaten für 6 Stück

1 Pck. frischer Croissantteig
200 g Schinken
50 g Champignons
100 g geriebener Käse
Salz
Pfeffer
1 Ei

1. Backofen auf 200 °C Ober-/Unterhitze vorheizen. Ein Backblech mit Backpapier auslegen. Teig aufrollen und in 6 Dreiecke teilen.
2. Schinken würfeln. Champignons putzen, falls nötig, mit Küchenpapier trocken abreiben und würfeln. Schinken und Champignons mit Käse, Salz und Pfeffer vermengen.
3. Die Füllung jeweils auf das untere Drittel der Teigdreiecke (d. h. an der langen Seite) verteilen und von unten zur Spitze hin zu einem Croissant aufrollen. Auf das Blech legen, das Ei verquirlen und die Croissants damit bestreichen. Im Ofen 10–15 Minuten goldbraun backen.

Italienische Parmesan-Rolls

Zutaten
für 12 Stück

2 Pck. frischer Croissantteig
4 EL Butter
1 TL Knoblauchsalz
1 TL italienische Gewürzmischung
100 g geriebener Parmesan

1. Backofen auf 200 °C Ober-/Unterhitze vorheizen. Ein Backblech mit Backpapier auslegen. Den Teig aufrollen und jeweils in 6 Dreiecke teilen.
2. Butter, Knoblauchsalz und die italienischen Gewürze in eine mikrowellengeeignete Schüssel geben und für 1–2 Minuten in der Mikrowelle erhitzen, bis die Butter geschmolzen ist. (Wer keine Mikrowelle hat, kann das auch in einem kleinen Topf machen.)
3. Die Teigecken mit der geschmolzenen Butter bestreichen und mit Parmesan bestreuen. Von der langen Kante her zu Croissants aufrollen, mit der restlichen Butter bestreichen und auf das Blech legen. Im Ofen etwa 15 Minuten goldbraun backen.

Zweierlei Knuspersticks

Zutaten für 20 Stück

1 Pck. frischer Blätterteig
25 g Schinkenwürfel
60 g geriebener Käse
2–3 EL Basilikum-Pesto
1 EL geriebener Parmesan

1. Backofen auf 200 °C Ober-/Unterhitze vorheizen. Ein Backblech mit Backpapier auslegen. Blätterteig zuerst einmal längs und dann mehrmals quer durchschneiden, sodass 20 kleinere Rechtecke entstehen.
2. Eine Hälfte der Teigstücke mit Schinkenwürfeln und Käse belegen und etwas in den Teig drücken. Basilikum-Pesto auf der anderen Hälfte der Teigstücke verteilen und mit geriebenem Parmesan bestreuen.
3. Jedes Rechteck 3- bis 4-mal eindrehen und jedes gedrehte Teigstück auf das Blech legen. Auf der mittleren Schiene 15–20 Minuten backen, bis sie goldbraun und knusprig sind. Die Sticks etwas abkühlen lassen und vom Backblech nehmen.

Frittierte Parmesan-Tortellini

Zutaten für 4 Portionen

4 Zweige Petersilie
25 g Parmesan
150 g Panko (jap. Paniermehl)
250 g frische Tortellini (Füllung nach Wunsch)
2 Eier
75 g Mehl
100 ml Pflanzenöl

1. Petersilie waschen, trocken schütteln und fein hacken. Parmesan fein reiben und mit Panko und Petersilie in einem tiefen Teller verrühren. Tortellini nach Packungsanleitung in reichlich Salzwasser zubereiten, abgießen und abtropfen lassen.
2. Eier mit 1 TL Wasser in einem tiefen Teller verquirlen. Das Mehl auf einen weiteren tiefen Teller geben. Tortellini zuerst in Mehl, dann in Ei und anschließend in der Panko-Mischung wälzen.
3. Öl in einer großen Pfanne auf mittlerer Hitze erhitzen. Tortellini von jeder Seite goldbraun ausbacken, herausnehmen und auf einem Küchenpapier abtropfen lassen.

Feta-Rollen

Zutaten für 4 Portionen

1 Pck. frischer Blätterteig
1 Ei
200 g Feta
1 Bund Petersilie
1 Tomate

1. Den Backofen auf 200 °C Ober-/Unterhitze vorheizen. Ein Backblech mit Backpapier auslegen. Blätterteig ausrollen und in 8 gleich große Rechtecke schneiden.
2. Ei mit 1 TL Wasser verquirlen und die Teigränder damit bestreichen. Feta zerbröseln. Petersilie waschen, trocken schütteln und fein hacken. Tomate waschen, Stielansatz entfernen und klein schneiden. Feta mit Petersilie vermengen und auf der breiteren Seite der Teigstücke in der unteren Hälfte verteilen. Tomatenwürfel darüber streuen.
3. Die Teigstücke von der belegten Seite her zigarrenförmig einrollen und die Enden gut zusammendrücken. Auf das Blech legen, mit Ei bestreichen und ca. 15 Minuten backen.

Blumenkohl-Nuggets

Zutaten für 4 Portionen

1 Blumenkohl
Öl zum Frittieren
2 Eier
1 TL Knoblauchpulver
¾ TL schwarzer Pfeffer
1½ TL Salz
180 g Mehl
100 g Paniermehl

1. Blumenkohl in Röschen teilen.
2. Öl in einem hohen Topf erhitzen (oder wahlweise eine Fritteuse benutzen).
3. Eier verquirlen und das Knoblauchpulver, Pfeffer, Salz und Mehl vermengen.
4. Blumenkohl zuerst im Mehl, dann in den verquirlten Eiern und zum Schluss in dem Paniermehl wenden. Nach und nach goldbraun im Frittieröl auf mittlerer Hitze ausbacken.

TIPP:
Dazu passt ein leckerer Dip.

Hähnchen-Parmesan-Bites

Zutaten für 6 Portionen

1 kg Hähnchenbrustfilets
130 g Mehl
1 TL Salz
½ TL schwarzer Pfeffer
100 g geriebener Parmesan
200 g Paniermehl
2 Eier
500 ml Speiseöl
1 Bund Schnittlauch

1. Hähnchenbrustfilets waschen, trocken tupfen und in 3 cm große Stücke schneiden. In einer Schüssel Mehl, Salz und Pfeffer vermengen. In einer zweiten Schüssel den Parmesan mit dem Paniermehl vermischen und in einer dritten Schüssel die Eier mit 1 TL Wasser verquirlen.
2. Öl in einem hohen Topf erhitzen. Wenn an einem hineingesteckten Holzlöffel Bläschen aufsteigen, hat das Fett die richtige Temperatur.
3. Hähnchenwürfel zuerst in der Mehlmischung wenden, dann durch das Ei ziehen und zum Schluss in der Parmesanmischung wenden. Portionsweise im heißen Fett goldbraun frittieren. Mit einer Schaumkelle aus dem Topf nehmen und auf Küchenpapier abtropfen lassen.
4. Den Schnittlauch waschen, trocken schütteln und in Röllchen schneiden. Die Hähnchenstücke damit bestreuen und mit einem Dip (z. B. dem Grundrezept-Dip von Seite 108 mit Knoblauch und Tomatenmark) servieren.

Flammkuchenschnecken

Zutaten für 12 Stück

1 Bund Schnittlauch
3 Frühlingszwiebeln
200 g Pizzateig
(aus dem Kühlregal)
200 g Schmand
100 g Schinkenwürfel
Salz
Pfeffer

1. Backofen auf 180 °C Umluft vorheizen. Ein Backblech mit Backpapier auslegen. Schnittlauch waschen, trocken schütteln und in Röllchen schneiden. Die Frühlingszwiebeln waschen, putzen und in Ringe schneiden.
2. Teig ausrollen und mit Schmand bestreichen, dabei an den langen Seiten je einen 2 cm breiten Rand lassen. Schinkenwürfel, Frühlingszwiebeln und die Hälfte des Schnittlauchs darüber verteilen, mit Salz und Pfeffer würzen und von der langen Seite her aufrollen.
3. Die Rolle in 12 Scheiben schneiden und auf das Backblech legen. Im Ofen 10–12 Minuten goldbraun backen, herausnehmen und mit dem restlichen Schnittlauch bestreuen.

BBQ-Brezelchips

Zutaten für 4 Portionen

5 Brezeln (vom Vortag)
4 EL Sonnenblumenöl
5 EL Barbecue-Soße
½ TL Knoblauchpulver

1. Den Backofen auf 150 °C Umluft vorheizen. Ein Backblech mit Backpapier auslegen. Brezeln in hauchdünne Scheiben schneiden. Öl, Barbecue-Soße und Knoblauchpulver verrühren. Die Brezelscheiben zugeben, gut umrühren, bis alle Scheiben mit der Soße überzogen sind. Die Scheiben nebeneinander auf das Blech legen. Im Ofen ca. 30 Minuten backen.
2. Backofentemperatur auf 100 °C herunterschalten und weitere 30 Minuten backen. Während des Backvorgangs 3-mal wenden. Den Backofen ausschalten und die Chips bei geöffneter Backofentür auskühlen lassen.

TIPP:
Dazu passt der Cheddar-Dip (siehe Seite 109).

Dip-Grundrezept

Zutaten für 1 Portion (ca. 600 g)

200 g Frischkäse
200 g Schmand
(oder saure Sahne)
150 g Magerquark
50 g Mayonnaise
Salz
Pfeffer

Alle Zutaten zu einem cremigen Dip verrühren.

Dieses Rezept kannst du nun wahlweise variieren:

Für einen würzigen **Knoblauch-Kräuter-Dip** kannst du 1–2 geriebene Knoblauchzehen und/oder auch 1 EL gemischte italienische Kräuter unterrühren.

Mit 1 TL Honig und 2 TL Senf erhältst du einen leckeren **Senf-Honig-Dip**.

Mein Favorit ist der **Tomaten-Basilikum-Dip**: Einfach 1 EL Tomatenmark, 1 geriebene Knoblauchzehe und etwas frischen, gehackten Basilikum unterheben.

Wer **scharfe Dips** gerne mag, der rührt 1 EL Sambal Oelek unter das Grundrezept. Auch interessant: 2 TL Tafelmeerrettich unterheben.

Der 5-Minuten-Dip

Zutaten
für ca. 400 g

250 g Frischkäse
60 g Mayonnaise
1 Prise Zucker
½ TL Hühnerbrühe (Pulver)
100 g grüne Oliven (ohne Stein)

Alle Zutaten in einen Mixer geben und zu einem cremigen Dip pürieren.

Cheddar-Dip

Zutaten
für ca. 400 g

2 TL Butter
2 TL Mehl
200 ml Milch
200 g geriebener Cheddar
Salz
Pfeffer
½ Bund Schnittlauch

1. Butter bei mittlerer Hitze in einem Topf schmelzen und das Mehl mit einem Schneebesen einrühren. Unter Rühren nach und nach die Milch dazugeben und alles aufkochen. Unter Rühren 5 Minuten köcheln lassen.
2. Cheddar zugeben, unterrühren und mit Salz und Pfeffer würzen. Schnittlauch waschen, trocken schütteln und in feine Röllchen schneiden. Den abgekühlten Dip damit bestreuen.

Popcorn

Ohne Popcorn keine Party. Alleine der Duft, der durch die Räume strömt, wenn man frisches Popcorn herstellt, ist unglaublich. Wie magst du es am liebsten? Süß oder salzig? Während an klassischen Aromen nichts auszusetzen ist, ist es auch schön, mit neuen zu experimentieren. Wenn es um Popcorn-Aromen geht, gibt es so viele Möglichkeiten, die die kulinarische Welt zu bieten hat. Ich liebe es mit Parmesan oder Karamell. Hier sind meine Lieblings-Popcorn-Rezepte. Wird Zeit für eine Popcorn-Party, oder? Diese kreativen Popcorn-Rezepte werden jedes Verlangen nach Snacks stillen. Der Filmabend war noch nie so aufregend!

Popcorn-Grundrezept

Zutaten für 4 Portionen

3 EL Öl
130 g Popcornmais
1 EL Zucker

1. Öl in einen großen Topf (mit Deckel) geben und auf höchster Stufe erhitzen. In der Zwischenzeit den Popcornmais mit dem Zucker vermengen.
2. Sobald das Öl im Topf heiß genug ist, den Mais samt Zucker in den Topf schütten. Den Deckel auf den Topf setzen und sobald die ersten Körner aufpoppen, den Topf kräftig schütteln, sodass nichts anbrennt.
3. Wird es still im Topf, den Topf von der Herdplatte nehmen, Deckel abnehmen und Popcorn in eine Schüssel füllen.

Cookie-Schokoladen-Popcorn

Zutaten für 4 Portionen

1 Grundrezept Popcorn (siehe oben)
200 g Vollmilchschokolade
100 g kleine Butterkekse (mit und ohne Schokoladenüberzug oder normale Butterkekse grob zerbröselt)

1. Schokolade über einem Wasserbad (siehe Seite 24) schmelzen lassen. Über das Popcorn gießen und langsam vermengen.
2. Auf einem Backpapier verteilen, mit Keksen bestreuen und fest werden lassen.

N° 72
History p3

Parmesan-Popcorn

Zutaten für 4 Portionen

1 Grundrezept Popcorn (siehe Seite 112)
3 EL geriebener Parmesan
¾ TL Knoblauchsalz
¾ TL Zwiebelpulver
¾ TL getrocknete Petersilie
½ TL Salz
¼ TL getrockneter Dill
frisch gemahlener schwarzer Pfeffer (nach Belieben)
6 EL Butter

1. Das Popcorn nach dem Grundrezept zubereiten und in eine große Schüssel geben.
2. Alle Zutaten bis auf die Butter in einen Mixer geben und fein zermahlen. Butter in einem Topf langsam schmelzen lassen.
3. Die geschmolzene Butter langsam über das Popcorn in der Schüssel träufeln und mit einem großen Löffel umrühren, um sicherzustellen, dass das gesamte Popcorn gleichmäßig bedeckt ist. Das Popcorn mit der Parmesan-Kräuter-Mischung bestreuen, vorsichtig umrühren und schwenken, damit das Popcorn gleichmäßig überzogen wird.

Wasabi-Ingwer-Popcorn

Zutaten
für 4 Portionen

1 Grundrezept Popcorn (siehe Seite 112, ohne Zucker zubereitet)
3 EL Butter
2 TL Wasabipaste
25 g kandierter Ingwer
½ TL Salz
½ TL Zucker
1 EL schwarzer Sesam

1. Das Popcorn nach Grundrezept zubereiten, dabei den Zucker weglassen. Butter schmelzen lassen und mit der Wasabipaste verrühren. Ingwer klein hacken.
2. Die Buttermischung über das Popcorn träufeln. Ingwer, Salz, Zucker und Sesam über das Popcorn geben und vermengen.

Popcorn mit weißer Schokolade

Zutaten
für 4 Portionen

1 Grundrezept Popcorn
80 g Mini-Marshmallows
200 g weiße Schokolade
bunte Streusel

1. Popcorn nach Grundrezept (siehe Seite 112) zubereiten und mit den Marshmallows verrühren. Schokolade über einem Wasserbad schmelzen (siehe Seite 24), über die Popcorn-Marshmallow-Mischung gießen und langsam vermengen.
2. Auf einem Backpapier verteilen, mit Streuseln bestreuen und fest werden lassen.

Karamell-Popcorn

Zutaten für 4 Portionen

1 Grundrezept Popcorn (siehe Seite 112)
100 g Butter
220 g brauner Zucker
170 g Maissirup
½ TL Salz
1 TL Vanilleextrakt
½ TL Backpulver

1. Das Popcorn nach Grundrezept zubereiten. Den Backofen auf 110 °C Ober-/Unterhitze vorheizen. Butter in einem Topf bei mittlerer Hitze schmelzen. Zucker, Maissirup und Salz hinzufügen und unterrühren. Wenn die Masse anfängt zu blubbern, 4 Minuten köcheln lassen, dabei keinesfalls umrühren.
2. Vom Herd nehmen und schnell Vanilleextrakt und Backpulver einrühren. Die Masse über das Popcorn gießen und auf 2 mit Backpapier ausgelegte Backbleche verteilen. Im Ofen ca. 40 Minuten backen, dabei etwa alle 10 Minuten wenden. Herausnehmen, in Stücke brechen und abkühlen lassen.

Knoblauchbutter-Kräuter-Popcorn

Zutaten für 4 Portionen

60 g Butter
2 Knoblauchzehen
2 EL Rapsöl
130 g Popcornmais
2 EL Kräuter der Provence (oder getrocknete Kräuter deiner Wahl)
¼ TL Selleriesamen
1 TL Salz

1. Bei mittlerer Hitze die Butter in einem großen Topf (mit Deckel) langsam schmelzen lassen, Knoblauch schälen und mit einem Glas zerdrücken. Knoblauch 3–4 Minuten langsam mit der Butter köcheln lassen, dann herausnehmen und entsorgen.
2. Öl zur Butter geben und auf mittlerer Hitze erhitzen. Popcornmais zugeben und einen Deckel auf den Topf setzen. Während das Popcorn aufpoppt, den Topf gelegentlich schütteln, um die Butter zu verteilen und ein Anbrennen des Popcorns zu verhindern.
3. Wenn die meisten Körner aufgeplatzt sind und es still wird, den Topf vom Herd nehmen und das Popcorn mit Kräutern, Selleriesamen und Salz bestreuen. Deckel wieder aufsetzen und den Topf kräftig schütteln, um die Kräuter, die Selleriesamen und das Salz gut im gepoppten Mais zu verteilen.

Kino-Popcorn

Zutaten
für 4 Portionen

150 g Butter
4 EL Kokosöl
130 g Popcornmais
Salz

1. Butter langsam in einem Topf schmelzen lassen. Sollte die Butter schaumig werden, den Schaum mit einem Schöpfkelle abtragen und entsorgen.
2. Kokosöl bei starker Hitze in einem weiteren Topf (mit Deckel) schmelzen und Popcornmais hinzugeben. Den Deckel auf den Topf setzen und ab und zu schütteln.
3. Wenn es im Topf still wird, den Topf vom Herd nehmen. Die geklärte Butter langsam über das Popcorn gießen, umrühren und mit Salz abschmecken.

Veganes Popcorn

Zutaten
für 4 Portionen

4 EL Kokos- oder Sonnenblumenöl
130 g Popcornmais
3 TL Hefeflocken
1 TL Paprika
¼ TL Kurkuma
Meersalz nach Geschmack

1. Öl in einen großen Topf (mit Deckel) geben und erhitzen. Popcornmais hinzugeben, Deckel aufsetzen und kurz schütteln, um den Mais mit Öl zu überziehen und die Körner gleichmäßig auf dem Boden des Topfes zu verteilen. Wenn es im Topf still wird, den Topf vom Herd nehmen.
2. In der Zwischenzeit Hefeflocken, Paprika und Kurkuma in eine kleine Schüssel geben und umrühren. Das gepoppte Popcorn in eine Schüssel geben, Gewürze unterheben, nach Belieben salzen und servieren.

Cheesecake-Erdbeer-Popcorn

Zutaten für 4 Portionen

1 Grundrezept Popcorn (siehe Seite 112)
20 gefriergetrocknete Erdbeeren
20 g Magermilchpulver
300 g weiße Schokolade
50 g Kokosfett (z. B. Palmin)
½ TL Rote-Bete-Pulver (oder rote Lebensmittelfarbe)

1. Erdbeeren und Magermilchpulver in einem Hochleistungsmixer fein pürieren.
2. Schokolade mit Kokosfett über einem Wasserbad schmelzen lassen. Mit Rote-Bete-Pulver einfärben.
3. Erdbeermix unterrühren und die Masse über das Popcorn gießen und langsam vermengen.
4. Auf einem Backpapier verteilen und fest werden lassen.

Desserts und Eis

Was Süßes zum Abschluss? Immer! Darüber habe ich mich stets am meisten gefreut. Für große Partys hat es sich bewährt, das Dessert in kleinen Gläschen zu servieren. Das Dessert sieht so einfach viel besser aus, als wenn man alles in eine große Schüssel packt und jeder mit dem Löffel darin rumsticht. Das Auge isst schließlich mit. Und glaubt mir, wer jemals eine Party im Sommer gemacht hat, der weiß, dass der Gastgeber 10 Punkte bekommt, wenn er in der Gefriertruhe selbst gemachtes Eis auf Vorrat hat.

Quark-Mascarpone-Dessert »Spaghetti-Eis«-Style

Wie glücklich kann eigentlich ein einfaches Spaghetti-Eis machen? Ich bin mir bis heute aber noch nicht sicher, ob ich die halb angefrorene Sahne unter dem Eis gut finde oder nicht. Um dieser Diskussion aus dem Weg zu gehen, gibt es ein Knaller-Dessert aus Quark und Mascarpone im Spaghetti-Eis-Style. Das schmeckt nach mehr.

Zutaten für 4 Portionen

600 g Magerquark
375 g Mascarpone
2 TL Vanilleextrakt
10 EL Zucker
250 g Erdbeeren
50 g weiße Schokolade
4 Butterwaffeln (nach Belieben)

1. Quark, Mascarpone, Vanilleextrakt und 6 EL Zucker in einer Schüssel cremig verrühren und abgedeckt mindestens 1 Stunde in den Kühlschrank stellen. Kartoffel- oder Spätzlepresse in das Gefrierfach legen.
2. Erdbeeren waschen, Grün entfernen, würfeln und ⅔ der Erdbeeren mit dem restlichen Zucker verrühren. Schokolade mit einem Sparschäler hobeln.
3. Quarkcreme in die kalte Kartoffel- oder Spätzlepresse geben und auf 4 Teller pressen. Mit Erdbeersoße, weißer Schokolade und Erdbeerwürfeln garnieren und nach Belieben mit einer Butterwaffel servieren.

Eis-Sandwiches

Eis-Sandwiches dürfen auf einer Sommerparty niemals fehlen.

Zutaten für 12 Stück

Für das Eis

500 g Sahne
1 Dose gezuckerte Kondensmilch (ca. 400 g)
200 ml Kondensmilch
2 TL Vanilleextrakt

Für die Cookies

150 g Zucker
200 g Muscovado-Zucker (alternativ brauner Zucker)
180 g weiche Butter
2 Eier (Größe M)
1 TL Vanilleextrakt
300 g Mehl
1 TL Natron
1 Prise Salz
100 g Schokotropfen

1. Für das Eis die Sahne steif schlagen. Gezuckerte Kondensmilch, Kondensmilch und Vanilleextrakt nach und nach vorsichtig unterheben. Die Masse 45 Minuten in eine Eismaschine geben. Anschließend in eine gefriergeeignete Kastenform mit Deckel geben und für mindestens 5 Stunden einfrieren. Wer keine Eismaschine hat, füllt das Eis gleich in die Gefrierform und stellt es mindestens 5 Stunden ins Gefrierfach.
2. In der Zwischenzeit für die Cookies beide Zuckersorten mit der Butter, den Eiern und dem Vanilleextrakt schaumig schlagen. Mehl mit Natron und Salz verrühren und unter die Buttermasse rühren. Schokoladentropfen unterheben.
3. Den Teig 30 Minuten kühl stellen. Den Backofen auf 180 °C Ober-/Unterhitze vorheizen und 2 Backbleche mit Backpapier auslegen. Aus dem Teig mit einem Eisportionierer 24 Teighäufchen auf die Bleche setzen. Im Ofen 8–10 Minuten backen, dann gut auskühlen lassen.
4. Für die Eis-Sandwiches mit einem Eisportionierer je eine Kugel Eis zwischen 2 Cookies platzieren. Am besten sofort servieren. Die Eis-Sandwiches können auch für 2 Stunden nochmals eingefroren werden. Länger sollten sie jedoch nicht eingefroren sein, da sonst der Keks zu weich wird.

Himbeer-Eis am Stiel

Woop! Woop! Der Eismann ist da! Ich räume die Gefriertruhen, um Platz zu schaffen, für all die leckeren Eiskreationen, die man sich selber machen kann. Ein Sommer ohne Eis? Niemals.

Zutaten für 10 Stück

450 g TK-Himbeeren
300 g Frischkäse
3 EL Vanilleextrakt
80 g Puderzucker
300 g Sahne
einige gefriergetrocknete Himbeeren (nach Belieben)
gefriergeeignete Förmchen

1. Himbeeren auftauen lassen, pürieren und durch ein Sieb streichen. Frischkäse, Vanilleextrakt und Puderzucker verrühren und mit den Himbeeren vermengen. Sahne steif schlagen und unterheben.
2. Die Masse in eine Eismaschine geben und halbfest gefrieren lassen, dann in die Förmchen streichen und im Gefrierfach 2 Stunden gefrieren. Ohne Eismaschine die Masse direkt in die Förmchen geben und über Nacht einfrieren. Vor dem Servieren nach Belieben mit ein paar zerbröselten, gefriergetrockneten Himbeeren bestreuen.

Coupe Romanoff

Schon seit meiner Kindheit liebe ich den Coupe Romanoff (der Name geht auf die Zaren-Dynastie Romanow zurück). Nicht nur, weil er einfach zuzubereiten ist, sondern weil er für mich eines der leckersten Desserts ist, die es gibt. Wenig Chichi und nur die besten Zutaten: reife (am besten regionale) Erdbeeren, frische Schlagsahne und ein gutes Vanilleeis. Fertig. Probiert den lang vergessenen Klassiker mal aus und lasst mich wissen, wie ihr ihn findet.

Zutaten für 4 Portionen

500 g Erdbeeren
4 EL Zucker
1 EL Zitronensaft
200 g Sahne
20 g Puderzucker
300 g Vanilleeis

1. Die Erdbeeren waschen, trocken tupfen und das Grün entfernen. Für die Erdbeersoße 250 g Erdbeeren mit 2 EL Zucker und dem Zitronensaft pürieren.
2. Die restlichen Erdbeeren je nach Größe halbieren oder vierteln und mit den restlichen 2 EL Zucker vermengen. Sahne mit Puderzucker steif schlagen.
3. Das Vanilleeis mit der Erdbeersoße, den Erdbeerstücken und der Sahne anrichten und sofort servieren.

Nicecream Sundae mit Heidelbeeren

Zutaten für 2 Portionen

5 reife Bananen
150 g TK-Heidelbeeren
4 EL Ahornsirup
50 g Walnusshälften
200 g griechischer Joghurt
4 EL Kakaonibs

1. Am Vortag 4 Bananen schälen, in Scheiben schneiden, in einen Gefrierbeutel geben und einfrieren. Heidelbeeren mit Ahornsirup aufkochen, pürieren und auskühlen lassen. Über Nacht im Kühlschrank aufbewahren.
2. Am nächsten Tag die Walnüsse grob hacken. Die gefrorenen Bananenscheiben, Joghurt, 2 EL Kakaonibs und 25 g Walnüsse in einem Mixer cremig pürieren. Die Heidelbeersoße grob unterheben.
3. Die restliche Banane in Scheiben schneiden. Nicecream auf Gläser verteilen, mit Bananenscheiben, den restlichen Kakaonibs und den restlichen Walnüssen toppen.

Limetten-Kuchen im Glas

Zutaten
für 4 Portionen

150 g Salz-Cracker (z. B. TUC)
80 g Butter
2 Bio-Limetten
400 g Frischkäse
150 g saure Sahne
200 g Sahne
50 g Puderzucker
1 Pck. Vanillezucker
50 g weiße Schokolade
Minzeblättchen zur Dekoration
4 kleine Gläser

1. Cracker zerbröseln, Butter in einem kleinen Topf schmelzen und mit den Crackern vermengen. Auf die Gläser verteilen und kalt stellen.
2. Die Limetten heiß abwaschen, trocken reiben und die Schale fein abreiben, den Saft einer Limette auspressen und die andere Limette in Spalten schneiden.
3. Frischkäse, saure Sahne, Sahne mit Puderzucker und Vanillezucker steif schlagen. Limettensaft und -abrieb unterheben und auf die Gläser verteilen.
4. Die Schokolade fein raspeln und das Dessert vor dem Servieren damit bestreuen. Mit Limettenspalten und Minze garnieren.

Der Morgen nach der Party

Um am nächsten Tag wieder richtig fit zu werden, weil die Nacht mit Sicherheit kürzer als sonst war, braucht es ein ausgewogenes Frühstück. Gesund darf aber auch lecker sein. Baked Oats sind dafür einfach perfekt.

Blended Baked Oats

Blended Baked Oats ist noch einmal ein neues Level der Baked Oats (gebackener Haferbrei), denn durch das Mahlen der Haferflocken werden die Baked Oats zu kleinen gebackenen Frühstückkuchen. Bei den Blended Baked Oats ist es egal, welche Sorte von Haferflocken du verwendest, da diese eh zerkleinert werden. Wer keinen Honig mag, kann diesen auch gegen Ahornsirup oder Agavendicksaft austauschen. Und wer keine Bananen mag, kann die Banane durch 80-125 ml Milch ersetzen. Aber die Banane schmeckt man wirklich nicht raus. Ich bin von den Baked Oats in allen möglichen Varianten hin und weg, weil sie richtig satt machen und Heißhunger entgegenwirken. Dazu sind sie super gesund.

Das Grundrezept

Zutaten für 1 Portion (1 Ramequin ca. Ø 8 cm, ca. 250 ml Fassungsvermögen)

50 g Haferflocken
1 reife Banane
1 Ei (Größe M)
1 TL Honig
½ TL Backpulver
1 Prise Salz
etwas Fett für das Förmchen

1. Backofen auf 175 °C Ober-/Unterhitze vorheizen und das Förmchen etwas einfetten.
2. Alle Zutaten in einen Blender geben und zu einem Teig pürieren. Den Teig in das Förmchen geben und ca. 20 Minuten backen.

Blaubeer-Lemon-Oats

17 Blaubeeren waschen und abtrocknen. 12 Beeren und die Schale von ½ Bio-Zitrone unter den pürierten Grundteig heben. Teig in die Auflaufform geben, die restlichen 5 Blaubeeren auf den Teig geben und 1 TL braunen Zucker darüber streuen. 20 Minuten backen.

TIPPS:

- Ich empfehle, einen starken Mixer zu verwenden. Du kannst auch kleinere Portionen mit einem Pürierstab machen, aber ein Hochleistungsmixer ist einfach schneller und macht einen perfekten Teig.
- Den Teig vor dem Umfüllen in die Förmchen 10 Minuten ruhen lassen.
- Nicht zu lange backen – gebackener Hafer wird sonst zu trocken. 20 Minuten für eine Auflaufform mit 250 ml Fassungsvermögen und 15 Minuten für eine Form mit 180 ml Fassungsvermögen reichen aus. Wenn du direkt eine große Auflaufform nimmst, dann verlängert sich die Backzeit bei einer Backform vom 20 × 20 cm auf ca. 30 Minuten.
- Frisch und warm aus dem Ofen schmecken sie definitiv am besten!

Himbeer-Mandel-Oats

8 Himbeeren waschen und trocken tupfen. 6 Beeren mit 1 TL gehackte Mandeln unter den pürierten Grundteig heben. Teig in die Auflaufform geben. Die restlichen beiden Himbeeren und ein paar gehackte Mandeln auf dem Teig verteilen. ½ TL Zucker und 10 g gehackte Schokolade darüber streuen. 20 Minuten backen.

Karottenkuchen-Oats

25 g geraspelte Karotte, ¼ TL gemahlenen Zimt und 2 TL gehackte Lieblingsnüsse unter den pürierten Grundteig geben, in die Form füllen und 20 Minuten backen. Mit etwas Frischkäse servieren.

Chocolate-Chip-Oats

2 TL Schokoladentröpfchen unter den pürierten Grundteig heben. Teig in die Form geben, eine Scheibe Banane und etwas gehackte Schokolade daraufgeben und 20 Minuten backen.

weitere Variationen ›››

LET'S
STAUB

Zucchini-Oats

50 g fein gehackte Zucchini mit 1 TL Backkakao unter den pürierten Grundteig mengen. In die Form füllen, mit etwas gehackter Zartbitterschokolade toppen und 20 Minuten backen.

Buntes Toastbrot

Toastbrot ist nicht langweilig, besonders dann nicht, wenn du deine Gäste mit kleinen Kunstwerken überraschst.

Zutaten

Toastbrot
bunte Lebensmittelfarbe

1. Pro gewünschter Farbe 1 TL Wasser mit ein paar Tropfen Lebensmittelfarbe in einem kleinen Schälchen verrühren, bis sich die Farbe vollständig aufgelöst hat.
2. Schnapp dir einen Pinsel und bemale das Toastbrot nach Lust und Laune. Zwischen den einzelnen Farben, Pinsel in Wasser tauchen und auf Küchenpapier trocken tupfen. Die Farbe auf dem Toast kurz antrocknen lassen, dann ab in den Toaster.

Zutatenregister